Equipaje de momentos
Carlos Guerrero

Colección Baños del Carmen

Carlos Guerrero

Equipaje de momentos

EDICIONES VITRUVIO
Colección Baños del Carmen,
nº 997

www.edicionesvitruvio.com

Primera edición, 2024

© Ediciones Vitruvio
C/ Menorca, nº 44
28009
Madrid
Teléfono: 91 573 21 86

ediciones vitruvio, nº 1. 638
ISBN: 978-84-128203-8-6
Depósito legal: M-4909-2024

Equipaje de momentos

Dicen que en la partida no nos podemos llevar nada que no sea la experiencia, los momentos, más o menos buenos. Llegamos a este mundo sin nada material y sin nada material nos vamos.

Como la edad se me va echando encima, quiero ir recopilando aquí los momentos más importantes, momentos del corazón, que marcaron mi ruta por la tierra y así estar con el equipaje hecho cuando el Hacedor me llame con cajas más o menos destempladas.

Pasada ya la cumbre de la vida,
justo del otro lado, yo contemplo
un paisaje no exento de belleza
de los días de sol, pero en invierno inhóspito.
                                    Jaime Gil de Biedma

A mis niños de cuatro patas que me dieron amor de verdad y después se llevaron trocitos de mi corazón en su partida.

Momentos desoladores

Nerón
(1989-1999)

en un vacío inmenso,
en un mirar atrás de tiempos y nostalgias

recuerdo cuándo fue,
cómo vagaste en busca de mis ojos
que enfrentaran tu adiós sin más regreso

sentado donde entonces tuve que estar contigo,
te busco entre los versos que escribiera a tu muerte
que grabaron por siempre tu nombre en mis retinas

pequeño gran amigo, son diez años de ausencia,
de ternura sin rumbo y manos infinitas
tendidas hacia el sitio donde yace tu cuerpo

te fuiste cual vivías, en silencio, sin ruido,
en tanto que tu voz
se agarraba a mi alma
para decirme adiós desde la eterna noche

Tres poemas y una gata
(Katty 2006-2014)

El comienzo

he vuelto a tropezarme con tu sombra,
es una sombra antigua, de gata diminuta
y era un día de agosto de terral desolado

cegada por la luz que deslumbraba el mar,
maltrecha y vacilante,
cruzabas la explanada sin saber dónde ir

el perro, con su voz,
logró que me fijase
y me acerqué hasta ti, pequeña y desdichada
en un mundo agresivo, que todo lo aniquila

hoy ya no estás, pero si tu sombra
que, junto a mí, espera el nuevo encuentro

Katty

es el dolor, que vibra
y se desplaza a través de mis ojos
hasta llegar a ser incluso un temporal
que estalla contra el muro de la pena
te veo inmóvil, en esa soledad
innata de la foto,
perdida en aquel tiempo sin memoria
y, desde la pantalla,
certera realidad de tu partida
al cielo de los gatos para siempre,
dejo que la añoranza
ocupe junto a mí tu hueco tan vacío

las chispitas de luz te cubren la cabeza
en la bóveda azul de mis horas contigo

tú siempre estás aquí,
 mirando repetirse el tiempo consumado
mientras nuestras caricias se mueren sin nosotros

entro en casa y busco tu presencia
en gesto equívoco a ese jergón vacío,
esperando mis dedos tus ojos infinitos

todo se encuentra en orden, todo en su sitio,
incluso los sillones parecen esperar
a que aprietes el paso y subas la primera
y los perros me miran, conscientes de tu falta,
y buscan en mi voz la ausencia que ellos sienten

después, entra la noche que lame los sollozos,
dejan caer sus lágrimas en tu sitio sin ti,

mientras tu amigo-hermano,
en escorzo añorante,
parece rebuscarte entre mis pensamientos

En la foto, sus ojos

es asomarme a ellos
y encontrar infinitos en su tristeza inmóvil

estáticos, me miran
sin alcanzar a verme
a pesar de la luz que inunda sus matices
en verde y sentimiento

Puck
(2004-2019)

el hueco de tu cuerpo se fue desdibujando
y tu imagen de siempre
se transformó de golpe en la nada infinita

hoy no puedo abrazarte,
querido caminante de risas y tristezas
hoy solo te percibo sumido entre las sombras
que invaden los rincones de la casa en silencio

y un adiós sin excusas se ha impuesto entre nosotros
después de quince años de perenne presencia,
después de tantos mares vestidos de buen tiempo,
después de tanto amar sin condiciones
en donde nuestras huellas,
grabadas casi a fuego,
llenaron los caminos de andar juntos

y ahora sé que la muerte no ha de borrar tus pasos,
que la ausencia no existe, que el tiempo es relativo,
que vendrás a buscarme una hermosa mañana,
cuando el sol se haga dueño de la orilla,
para después los dos ir a nadar un rat

Alfredo
(2013- 2022)

nos acercó el destino aquel verano,
se me antoja distinto a veranos de ahora,
cuando el miedo no estaba y el relato tampoco,
verano de ponientes de tacto llevadero
y dispersos terrales que secaban el alma

y sólo una llamada me llevó a conocerte,
saber de tu rebelde modo de hacer las cosas,
tus mimos, tus desplantes, tus retos alocados
a persianas cerradas y puerta de la calle,
separadora entonces de tu ansia de escapar

mas con mucha paciencia
te fuiste acostumbrando a tu otra situación
e inclusive llegaste
a renunciar tus ganas para quedarte aquí,
junto a tu amiga Katy,
objeto de tus juegos de gato fuerte y joven,
y a ese perro imborrable que siempre te cuidó
hasta el fin de sus días

te convertiste en parte esencial de nosotros,
aceptaste tu puesto de gato mandamás
que nunca cederías hasta que te marchaste

supiste mantener tu valor y tu rabia
hasta el último instante, cuando ya, derrotado,
te dejaste llevar por la cruel destructora

siempre serás, Alfredo, el gato que admiré
y quise con el alma, el gato blanco y negro
que soñé cuando niño,

el gato generoso,
capaz de dominar el espacio y el tiempo,
que me dejó vacío el día de su adiós sin más opciones

siempre mi corazón extrañará tu ausencia
mientras llega el momento de volver a estar juntos

Maxi
(2015-2023)

me miras fijamente desde tu adiós eterno,
desde esa foto ayer motivo de esperanza
pero que hoy, luctuosa,
a mi ordenador sirve de fondo

hoy ya no estáis ninguno,
Alfredo fue el primero,
tú quisiste ir detrás
de tu amigo del alma
apresuraste todo para así alcanzarlo
y hacerle compañía en el viaje sin vuelta

y hay tristeza en tus ojos,
melancólicos ojos de gato que no está,
diluido en la muerte implacable y temprana

y se me antoja ayer esa mañana suave
de hace ya siete años,
cuando nos conocimos porque tú nos buscaste

apenas levantabas medio palmo del suelo
y sin dudarlo fuiste hasta las pies de Techi,
maullando, lastimero, tu enorme desamparo
y desde aquel momento fuimos inseparables

y conociste a Puck, ese perro increíble
que te brindó refugio y amistad,
con quien todas las noches
compartiste su cama y su cariño

eras mi gato amable, mi gato diferente,
mas la melancolía que llevabas grabada

en un mirar sin rumbo
y también tu tristeza
delataban lo corto de tu estancia conmigo

ya no tiene remedio,
se cumplió el mal presagio
que nunca quise oír
y te fuiste en silencio camino de la nada
dejando tras de ti el dolor desgarrante
de tu tremenda ausencia

Retorno a la rutina

Tiempo de duelo

confundo la lentitud de un tiempo que se ha ido
con la presencia extraña de ideas empeñadas
en aturdir mi mente y mi memoria

intento despejar mi cerebro de tanta niebla gris
y apenas tengo un margen imposible
que siquiera protege de las horas recientes,
acumuladas todas en perverso recuerdo
de inexacta verdad

mi amiga la nostalgia quiere unirse a la fiesta
y ocupar todo el sitio,
no deja espacio a nadie en escorzo absoluto
 para hacerse mayor de su tamaño
y tomar posiciones que no le corresponden
dejando al sentimiento valerse por sí mismo

y mientras, mi consciencia no sale de su duelo

por esa misma cosa no puedo despegarme
del maldito recuerdo de aquellos que no están,
recuerdo que aparece cuando nadie lo llama

Un recuerdo lejano

anoche, repasando escenas de mi vida
tanto tiempo olvidadas y lejos de mi alcance,
monótono y cansino,
que adorna mi cerebro con su lenta existencia,
apareció allá al fondo, oculta por cajones
repletos de lo mismo,
una imagen difusa, casi etérea,
imagen de un pasado muy lejano
en la historia transcurrida desde entonces

tenía nombre propio almacenado
en el rincón más lejos de mi escasa memoria
y anoche resurgió sin más motivo
que la melancolía de la aburrida tarde
repleta de momentos ya caducos,
de caras macilentas de tanto tiempo idas,
de unas cuantas presencias importunas
y un decadente modo de enfrentarme a mañana

primero fue su nombre que, así como al desgaire,
intentó introducirse en la noche de ahora
y después su silueta se destacó de golpe,
 con esa nitidez que la distancia deja
y el tiempo no ha borrado pese al presunto olvido

resultó ser un sueño la imagen que escondías
tras tu disfraz de niña imperturbable
y en realidad, tu amor se desbordaba
incontenible y ciego,
proyectado en el tiempo de ser mujer y ahora,
hacia aquel que supiste guardarte para ti,
mientras tus ojos, tristes
de incontenible llanto a la ausencia obligada
-que la muerte atribuye a imaginado viaje
en busca de un eterno incomprensible-
sabían del vacío que marcará su ausencia

tendré que superarte, no importa la ciudad,
tampoco el tiempo que tarde en alcanzarlo

todo está así, confuso,
manirroto el amor y parca la respuesta

sin embargo, la playa
hoy mezcla las arenas de un ayer confundido
y quiere entrecruzar el llanto y el deseo,

feroces contendientes que siempre culminaron
en el punto fatal de la derrota,
a la vez que tu cuerpo
tapaba de pasión mis conclusiones

tendré que superarte,
no importan qué recuerdos
tampoco los olvidos,

tan siquiera la playa logrará retenerme,

sólo tu voz, tu nombre y el verbo de tu orgasmo
podrá inmovilizar en tu triunfal entrega
mi intención de inventarte de otro modo

Sicofonías del corazón

Sicofonía 1ª

hoy es domingo, nuestro primer día,
y vienes revestida de calcetines,
blanco infantil sobre tobillos plenos de promesas

te acercas a mí,
nuevo descubrimiento de tu mente en la núbil imaginación de ser
        mujer,
y dejas volar la luz sobre el tejado y entre risas

te sabes niña audaz,
comprometida con tus confusos sueños ribeteados de azules
y refulges al viento junto a los macizos del parque,
abiertos a tu infinita curiosidad

cuando miras hacia mí,
anuncios de primavera adelantada orlan tus mejillas,
confundido, me siento incapaz de hacer volar
el sonido de tu nombre,
y retrocedo la esperanza
al pensarme captar el desilusionante hastío de tus ojos,

pájaros, muertos de soledad, destrinan desde la rama deshojada
        de amor
y enseguida, sin tiempo para enmendarme,
la noche manda emerger a la mensajera del retorno a casa.

inconvenientes de sólo quince años
soñaré contigo; es mi derecho

resbalaré tu vientre por mi imaginación
y poseeré tus labios hasta agotarlos

desesperaré tu grito
y llenaré de manos mi noche.

Sicofonía 2ª

cuando el do del pentagrama
hace volar de mi horizonte los recuerdos,
tímidos y pequeños como nosotros,
recuerdos de algodón y canela
y una suave nota *la* se instala en la asintótica música
del mañana no estarás,
quizás sea mi propia ausencia
la que remarque el tiempo de no vernos,
siento diluirse -estrellas hechas añicos-
la quemazón de mi sangre al cruzarse con tu voz
y pregunto al tiempo su porqué
y el tiempo me da largas, juega conmigo

entonces,
congelo en la retina tu saludo
a nuestro Mar de Otoño

entonces,
necesito contemplarte entera,

entonces,
congrego en torno a mi silencio
las horas que no han de transcurrir

nada es sin querer, sólo protesta-niña
a una situación no esperada ni siquiera prevista

casto beso volador al aire que cruza entre los dos

¡Dios, cómo duele despedir la cercanía de tu aliento en mi mejilla!

imágenes embadurnadas de clausuras púberes.

madurez ralentizada evocadora de mañanas de sol

primarios escarceos del corazón en tono de fa sostenido

Sicofonía 3ª

revolotean noticias en torno a ti,
mi hermana no es explícita, aunque sí gráfica

mientras mi imaginación te persigue,
tu ausencia alarga la tarde, los estudios, los rezos,
tu recuerdo impide que las palabras
puedan juntarse y adquieran contenido

cada cuenta del obligado rosario
desgrana los días que faltan para Navidad
 y el sol cae sobre la tarde,
frío copo de nieve sin abrir

tu recuerdo adormece las palabras

lenta letanía, monocorde zumbido de la abeja en flor

y la im-paciencia ora pro nobis

ciudad sin luz ni villancicos

campo de concentración para niños bien

reflejos en sepia y hielo

desangeladas sábanas de algodón

cama alienante e indeterminada

panderetas y zambombas bailando un vals

¡cuánto daría por hacer volar el tiempo!

invierno desvelado

¡cuánto daría por hacer bailar el tiempo!

otra vez tu imagen jugando al esconder

¡cuánto daría por hacernos transcurrir el tiempo!

los días que faltan caben entre mis pies y mis manos

el recuerdo de la eterna fila hace inanes mis ganas de comer

suspiro anochecido de nostalgia

cura sin prisas,

también sin amor

Sicofonía 4ª

destiñen auroras de poniente-norte
el mar, imprescindible presencia para llegar a ti,
está, voy a su alcance
mi cara se halla teñida de betún
y el hollín se ríe de mí en el espejo,
mientras, por la ventanilla, abierta y olvidada,
se cuela un rayo de luz y gravita en los espacios
del pequeño departamento de tercera:
madera y rejilla en el asiento

es sábado, día del señor, y rememoro
otras y distintas Navidades
con aquel portal de niño mayor
y a los pastores que, año a año,
van señalándome el tiempo del vivir

me sobresalta la sirena del ferri: llegamos

el viento, frío y desconchado,
no trae noticias de ti,
el puerto está vacío de presencias...
¡no estás! y des-ojo mi rostro
que intenta vislumbrarte

justifico mi impaciencia por la cortedad de la hora

sonrisas, besos, abrazos, de gente ajena a los dos

¡puñetero teléfono insonoro!

la línea da señal y ¡no estás!

el día se ha vuelto gris

busco, -perdido el oriente-, tu mirada

remuevo entre sombras y fantasmas para reencontrar al beso

intento recomponerte mía

olvido que estamos en diciembre

corro entre modernos vericuetos llenos de anonimato

y, de repente, ¡e s t á s!
y un "hola" se agarrota en nuestros labios

el serpenteante tren va acercándose lentamente

nubes rasgadas de cielo azul desvaído
se alinean en repetitivo anuncio

destrozador de túneles encantados,
entre los arcanos que habitan mi imaginación,
recomponme como tuyo

y el tiempo nos posee por entero

Sicofonía 5ª

deslizo mi impaciencia por la barandilla de la escalera
y pongo cerco a la acera que limita tu casa

la espera se hace interminable

apareces y permito a la indiferencia irse a paseo
mientras te adoro en silencio

tu dulce mohín, enternecedor de lobos sin caperucitas,
desarma mi voz,
pero mi hermana no te ha dejado sola y entre los tres:
película aburrida y vieja y las nueve

el consuelo de tu aroma se dispersa entre mis manos

palomitas de maíz por las butacas

indiferencia de la pantalla en sepia

asombros de mi alma al saberse compartida

dudas de tus ganas de mí

preguntas sin respuesta

la noche sin ti se me hace interminable

besos perdidos de robarse

vacías butacas,

sueños desabridos,

fiebre, de tus labios mojados

deseo de poseer tu cuerpo

desengaños de mi esperanza

más arcanos bailan el danzón sobre la cama,
llena de vueltas y descansillos de escalera,
y contrastan
con el suave resbalar del tiempo de la cercana torre,
tartamudo carillón pasado de fecha

cacareo incongruente de mi alma
al saberse compartida

el reloj te retrasa un cuarto, y luego otro…

Sicofonía 6ª

chispitas y bengalas entre nubes de algodón pintadas en blanco-
sucio,
risas, caramelos y charanga desafinada
los Reyes despuntan por la esquina de los humos y los petardos

tu mano se aficiona al roce de mis dedos y elige estarse quieta

se mezclan empujones con niños boquiabiertos

tu espalda se incrusta en mi pecho hasta hacernos daño

papelillos de colores brotan las aceras y serpentean alcantarillas
y el aire está repleto de gritos infantiles
cuando tu cuerpo despega hacia las sombras de aquel portal
y tira de mi brazo

puntillas bajo la falda,

nervios por cosas de mayores,

roce de tu piel entre mis dedos,

manos hacia el infinito,

caricia de tu piel,

ropa distinta y desconocida,

prisas, prisas y más prisas
surgidas de un adolescente pueden vernos

nuestros ojos se miran, en tanto nuestras bocas
buscan palabras de un distinto diccionario

caminamos saboreando el instante repetible

reyes con carbón

cama desolada y muda.

desengaño que estalla en la noche de la des-ilusión

idéntica realidad a las demás…

adiós a la ignorancia azul

Sicofonía 7ª

distancia o sombra del pecado original,
mar y tierra frente a frente

tu boca es el motor de nuestra apostasía del amor-niño

apoyados en la caída de un sol de otoño,
septiembre, mes precursor de hojas y despedidas,
permites a mi mano la oscuridad de tus piernas,
iluminadas del deseo de los dos,
mientras recompones tu espalda
contra la valla separadora de días iguales y años en flor
que, desgranados junto a mis ganas,
se alzan, incontenibles, en su anhelo

semilla virgen de vestal dormida,
morbidez de tus senos que brotan, disolutos,
lenguas de mar fluyendo de tu imagen,

hojarasca bajo el parque,
horas de sabernos diferentes

la edad de las nueve ha quedado atrás
y olores distintos impregnan mis manos

tu pelo, sobre mi pecho,
se adueña de los espacios del ayer

perdidas palomitas de maíz
juguetes rotos al rozar el suelo

la luna de luz deslucida se cuela entre las sábanas
cuando la hora de la razón
golpea con desespero al otoño sin hojas
tiempo de hacernos mayores.

Ceuta, la ciudad que tanto amé,
donde me sucedió casi de todo

otorgada a dos mares,
azul doncella de larga singladura,
esperas la arribada
de naves que transportan amor hasta tu orilla,
cubierta por la niebla de la historia

azul doncella de larga singladura,
tus ojos de leyenda son fanales de luz
que alumbran el pasar de antiguos pueblos

volver a donde somos,
peregrino otra vez de acantilada costa
y amanecer abrupto,
gaviota solitaria
que busca zambullirse en la mañana

repatriarme en tu orilla,
tus recordadas playas,
revivir en tus calles recuerdos infantiles
y aceptar que hoy he vuelto
sólo por verte a ti,
conturba mis sentidos y me impulsa, suicida,
a rescatar de un mar que golpea con saña,
las horas naufragadas de mi ausencia.

En la rompiente

las olas, amansadas, enmudecen
cuando llega la noche

tampoco el viento suena ni dice tu presencia

me quedo junto a ellas,
apenas donde el agua se incrusta y se confunde
con la arena incolora de la playa desierta
y allí, sin alma, espero
que el mar cuente de ti

mientras tanto, la brisa, llena de viejas fotos,
araña levemente el porqué del recuerdo
clavado en mis entrañas como agujas de sal

hoy sé de tu falta irremediable

hoy, si por mí fuera,
dejaría a mi cuerpo perderse entre las olas
para encontrar después la eternidad posible,
pero la soledad me impulsa hacia tus brazos,
estén donde se encuentren,
hasta que llegue el día que prefiera ese abismo
donde la mar penetre y borre tus ausencias

y después, sin tu nombre,
me sienta desposado por sus aguas
y, suyo para siempre,
pueda olvidar entonces el color de tus besos.

Ausencias

miraba lejanías
intentando atrapar esos ayeres
perdidos de volver a repetirse,

como si las imágenes se quedasen guardadas
detrás de cada nube, detrás de los espejos,
detrás de los balcones,
detrás de las montañas de nieve intemporal
y junto a las bandadas transitivas
de pájaros que vuelan sin descanso
en busca del buen tiempo,
resbalaban mis ojos sobre el cantil del aire,
separador de estrellas en las noches de junio,
y alcancé a vislumbrar que, tras su marcha,
después de que mis manos olvidaran su rostro
y el llanto su temblor,
en otra dimensión, incluso en otro abismo,
más allá de las nubes, de la lluvia, del tiempo,
habitaban las horas que creí interminables

exactos los momentos vividos desde antaño,
tampoco falseada la verdad un poquito,
revienen a la mente con toda su crudeza
y dejan un reguero colmado de fantasmas

antiguas ilusiones,
sin duda desterradas a morir,
dan paso a la tristeza por nunca haber podido
saborear siquiera la otra historia

días que se columpian al filo de aquel sueño,
horas que se enmarañan con horas semejantes,
esperas vanas al filo de un retablo
de olvidadas siluetas y perdidos paisajes

siempre lejos del mar,
extraviados en un vagar sin rumbo,
apenas mantenemos la certeza
de llegar hasta ese adiós
que nos visita un día sin escape posible

los días se revienen como sombras
que un día cuerpos fueran
y buscan, anhelantes,
lugar donde poner esos fracasos
que arrastran tras de sí desde su fuga
al mundo de la nada

siempre los días idos
intentan remediar lo irremediable

ignorando la historia,
pretenden con su vuelta enmendar lo absoluto,
enmascarar colores a las puertas cerradas
por donde circulé sin regreso posible,
como si de ese modo
pasillos en estancias convirtiesen
y el alma de las cosas cambiara el parecer
de las palabras dichas

me invade la tristeza
al ver desasistidos de tiempo y de razón
las horas y los días
de viejos calendarios que no aceptan
la cruda realidad de mi pasado

la noche ha de volver y un nuevo día
irá a sumarse, raudo,
al cortejo perdido de las horas perdidas
que cuentan una historia diferente

Y puede ser que entonces
se paralice el tiempo y de nuevo regresen
aquellas cosas tuyas
que tanto eché de menos

resurrección acaso,
o tal vez los recuerdos
que vayan recobrando el pulso de las cosas,
para quedar los dos, como anhelamos,
unidos más allá de la memoria

habrá de ser el tiempo
quien calme la impaciencia por las cosas futuras

inquebrantable adagio
nacido de la edad del corazón

juventud que enarbola las ganas de vivir
y las disfruta sin limitar su tiempo
y busca eternidad donde los años
acotan sus espacios
y sueña con volver a cada poco
para apurar el néctar pensado para siempre

y habrá de ser el tiempo
quien ponga en su lugar a la tristeza
que preside las horas de madurez difusa

eterna remembranza de un pasado que fue
y no regresa, de fuerzas que escabullen
su pujanza para dar paso al mutismo,
el propio de esa edad que ahora concluye
junto a los sueños rotos,
sin más razón de ser que seguir vivo

tu tiempo es ya concluso

atrás se han detenido los años sin rubor,
las manos que se agitan,
las mañanas de blanco,
los días diferentes,
el sabor de los besos
que confunden amor con tener ganas,
lágrimas que apenas dejan
un surco tras los ojos,
las ganas de reír sin más motivo
que la risa en sí misma,
aquella melodía que entonces nos juntara
tu cara con la mía,

el momento de ser plenamente nosotros,
abierto el corazón a la palabra, sentimiento
de amar que ya no vuelve

se me han ido añadiendo, sin apenas sentirlo,
amargos desengaños de erráticas entregas,
confusión de mi mente al caminar sin rumbo
por calles empedradas con cristales hirientes
que destrozan mis pasos,
mil noches confundidas de vómito y café,
la multitud de muertes que tapan mi vacío,
el final, sin más trámite, de la vieja ilusión

ahora te marchas tú y aquí me dejas,
transido de recuerdos,
en la historia que nunca he de contar
porque a nadie le importa,
cansado de seguir andando a solas

tal vez ya no estaré junto al camino
por donde te marchaste
después de nuestro adiós siquiera dicho,
ni esperar que suceda
el milagro de ver como regresas

o puede que los días de lento recorrido,
hayan grabado en mí el mustio desazón
de saberte perdida para siempre

pero sé que en la tarde de mirar caprichoso,
mientras las amapolas se pudren en el suelo
y el aire se entremezcla con lluvia desteñida,
y los besos no están
y las horas son largas,
siento que el corazón se me transforma
en hoja seca del otoño ambiguo
y apenas sobrevive la esperanza
de volver a la rama
que entonces cobijó la primavera

y atisbo en la distancia el borde del sendero
hacia un tiempo infinito que habita entre las sombras

Seis sonetos y un romancillo

aclárame ese estar a ti ligado
cuando sé que el destino me reclama
por un nuevo camino, y se encarama
la aventura de estar. Ilusionado
a cómo siento así, en la retama
encuentro al sentimiento ayer perdido
en mi equivocación, al tiempo herido
del no ser por no estar sobre tu cama.
salí de allí, hoy te veo entre hojas,
acuchillada y rota, ya vencida
en la maldad vertida por ti en rojas
estancias del amor y en tu caída,
he de alcanzar a ver cómo deshojas
marchitas flores en lugar de vida

Derrocha el manantial y desalienta
el pozo de los sueños necesarios
para intentar dormir. En los armarios
alzados sobre el tiempo ya regenta
su espacio la tiniebla con la afrenta
superflua de unos ojos. Los diarios
pensamientos se tornan en calvarios
difíciles de amar. La muerte, lenta,
deshoja la incordura y los flujos
de amor, tristes, perdidos, sin conciencia
de tanto desamor, emprenden vuelo
hacia la cima del sentir. Tapujos
embusteros dan luz a la inclemencia
de un corazón sumido en desconsuelo.

Escribir un poema por decreto
del año que se acaba en pocas horas;
cuál rima escogeré, si las sonoras
y frágiles cadencias del soneto,
o algún romance breve, parapeto
para darte un abrazo sin demoras,
mientras le pido a Dios que mil auroras
te lleguen al final de este cuarteto.
Por mi gusto en camisa de once varas
apenas logro un verso prematuro:
las buenas intenciones salen caras,
prefiero calidad en tu futuro
aunque al rato mi lírica olvidaras.
Amar lo que se olvida es Amor puro.

Espacios coronados de tiempos absolutos.
Aromas de la tarde se esparcen por la casa.
Los pecados deslizan su afán de cometerse.
Canta un grillo lejano su adiós a la vendimia.
El ventanal, vacío, descuelga sus arpegios.
Un reloj parpadea su reflejo en mi rostro.
Hay velas en la mar profundizando al aire.
Se acumulan mensajes de voces embusteras.
El sol camina, quedo, destino al viento norte.
Mi mente se confunde y acuna la añoranza:
mil pasos aproximan recuerdos no guardados
en cartones mohosos de extraño color viejo.
El transcurrir, discurre sin meta ni peaje.
Sólo escucho el llanto sideral de los planetas.

Dame presto tu mano, nos vamos de paseo,
danzando están hogueras y lejos se adivina
el monte que encaneció la lluvia. Iremos hacia
el olmo, debemos contemplar a las alondras
estremecer su vuelo de viejas lejanías,
y desde el altozano, sin dejar a los charcos
inundar el paisaje, entonaremos aquella
melodía, un lejano recuerdo de los días
sin fecha. Después, muy lentamente abriremos
los ojos al asombro de estar, para encontrarnos
con las tardes de nuevas luminarias, lo sé bien,
nuestros sueños esperan la imprecisa llegada
de distintos veranos, que esclarezcan el porche
y taponen los huecos con risas y murmullos.

Desdibujan perfiles las tardes enceladas,
de exacto declinar entre las horas. Es candil
que se extingue en su desfallecer; es ceremonial
de espectros que transitan por la fría escalera;
son espacios adecuados para evaporar
momentos que no fueron si no mil subterfugios
de rapsodas sin voz. Letanías de sitios
circuncisos de gris en la memoria ingrávida,
que planea entre siglos. Rebusco sin descanso,
entre cajones de gaveta indolente, preces
que en nuevas tardes rezaré a mil recuerdos, -sutil
chamarileo, expresa soledad subastada
en secreto-, para dar con el modo de solventar
los días ungidos de temor y pesadillas.

Romancillo

Tras la mesa de los pares
aparece un caballero
con adarga sobre el hombro
y una cruz por entrecejo.
Se llama como la muerte
cuando desnombré tu lecho,
como la tarde callada
cuando te acallaba a besos,
como el tinte del verano
cuando vuelan los vencejos
sobre mi cama de alambre,
ya vacía de tu cuerpo.

Desoladas tristezas bordean el camino

abrid, hogueras,
la penumbra que oculta
caminos impensados

abrid paso
a la dama peregrina
en su cruzar perfecto

los rescoldos rotularán
lágrimas apenas esbozadas
y arriba, entre los árboles
color verde-doncella,
desiertos cotidianos
ocuparán almenas que copulan silencios

decepción de infinitud,
microespejo de un cosmos que busca eternidades

Adiós

desliza su mirada
en la triste penumbra que declina la tarde

concentra en sus retinas
el sendero que sube
la inmediata montaña,
mientras que su dolor, lleno de ausencia,
permite que otros nombres
se vayan asomando al cantil de sus labios

cuando esa melodía enmaraña el ocaso,
su gemido transgrede el silencio del valle,
y evoca los romances
traídos desde ajenos matices de pasión,
prendidos de su ayer,

infecundo ritual descordador de besos

alondra abusadora,
no le exijas a mi corazón más de lo que puede dar:

ya te entregó la incandescencia de sus paredes,
apagadas al soplo de tu vuelo rasante y atrevido

su brújula, loca por encontrar
espacios absolutos

su fuerza impulsora del andar,
encaramada en la aventura fuera de sitio

los latidos de la nueva encrucijada,
desatendida del guardián de la vía de las horas

la latitud de su eje central,
descompensado por la angustiosa llamada a la felicidad

su instinto para remar hacia la cuadrícula celeste,
soliviantado por el empuje del huracán cercano a ti

el suelo de su raíz,
aniquilado en el relío de tu cuerpo

la angosta partícula azul
que aún solucionaba la ausencia
del espíritu de la ilusión

no le exijas a mi corazón más de lo que puede dar,
alondra abusadora,
porque lo pararías en tu nombre

así, muy lentamente, con cuidado infinito
para no despertar a mis mascotas,
que duermen el sofá y me flanquean,
aproximo mis dedos al papel de los versos
y dejo que la mente
vaya descuartizando sentires que anduvieron
apenas hace un rato
y busco con cuidado,
bajo el brocal del pozo que apacienta luceros,
las aguas que agonizan en su quietud de invierno,

ya la tarde se mueve hacia poniente
y es por eso que impaciento la luz,
un tanto reticente a hacer la noche día,
y el silencio me cubre,
adornado de Brahms y soledades

avanzábamos, tristes, el sendero dormido
sin meditar siquiera que las horas de sol
escurrían de agua los zapatos

el cortinaje frío del otoño
empapaba hasta el alma,
mientras tu voz,
en modo tiempo muerto,
dejaba a los suspiros
flotando sobre charcos

y eran las doce,
y el mundo se cerraba sobre el tiempo.

caminemos las nostalgias
por la nube que oculta la corona
de ayeres encendidos
y dejemos que las fotografías
publiquen el torrente de amor que malgastamos
y después, muy despacio,
sin reproches que enturbien
el río del recuerdo,
abandonemos, junto al arco iris,
la eternidad que, un día,
acordamos arrancarle al universo

acumulaba suspiros en sus ojos
y horizontes de humo en las caderas
que agitaba al son de las campanas,

majestad reliada al desespero
de la rosa al saberse marchita,
desolados lugares sin albores
que descubran su vuelo
con rumbo a las estrellas,
soledad del diamante que ensortija
noches de su gemir a oscuras

contra el quicio del alba
desconsoló los labios y sus cabellos,
silentes de dolor y asentimientos,
flotaron con el aire de una zambra
que desgarró el espacio de su muerte

blancas noches de duermevela
se desparraman por la habitación,
mientras juega mi mente
con la silueta de aquel caballo de madera,
que ancló tu sombra de niña adormecida
al estrecho sendero de la casa sin jardín

deseo, defraudado de crecer
por la pared de tu alcoba

sábanas, que destapan un pubis
alzado hacia el cansancio.

pequeña alfombra,
que mitiga el ruido de mis pies descalzos

y tu queja, dormida en flor
junto a mi boca amante,
resonando en el estruendo de la noche por venir
para señalarme, sin equívocas pautas,
tus ganas de estar juntos

desde viejas distancias que se alejan despacio,
situado en la cima del final de este tiempo,
siquiera entristecido por exactos retornos
en ámbitos confusos de un tiempo que ya fue,
encaramo en el olvido tu presencia,
y tu voz, y también ese instante
que alguna vez contuve para evitar el llanto.

buscaste porvenires que nunca te ofrecí,
tampoco a la silueta sin tiempo y sin palabras
de tu cuerpo desnudo,
con los ojos cubiertos
de lugares que, un día,
aventuraste, audaz, como pertenecidos

y tampoco me acuerdo de tu rostro,
acaso en desmemoria de tu olvidado nombre

quedamos frente a frente,
vestidos de distancia,
con la lluvia detrás de las cortinas
y el amor defraudado

quedamos frente a frente, sin nada que decir,
abrumando al silencio,
perdidos de volver a ser nosotros,
mirando sin piedad las tristes sombras
de un ayer que se fue sin darnos prisa,
mientras el daño de sabernos juntos
socavaba las horas de un amor ya marchito

en exacto alcanzar nuestro vacío,
que apenas se apartaba de la nada,
quisimos rescatar las rotas frases
y llenarlas de luz al repetirlas

una luz fugitiva, de tinieblas creada,
ansiosa de alumbrar a nuestras bocas
en papel convertidas,
cerradas para siempre a los futuros

estaba allí, aquella tarde estaba allí,

junto a la tierna edad
perdida en un ayer irremisible,

junto a esos momentos
que dicen suceder y no pasan del intento,

junto al tiempo que nos rodea
y exige aquello que no está dispuesto a dar,

junto a un pasado que, de puntillas,
se fugó de la habitación,

junto a la perdida imagen
de aquel niño
que un día convencí de ser mayor,

junto al intemporal comedor de entonces,
rodeado de tiempo marchito,

junto al cálido dormitorio
barnizado de tantas noches ajenas a mí,

junto al pasillo por donde patinaban
multitud de añoranzas
jugando a las cuatro esquinas,

junto a la voz desengañada,
ida tras la ilusión
de quedarme contigo para siempre,

junto a la fotografía

que inmovilizó tu alma en un segundo,
junto a los retazos de nunca parecerme
a ése a quien nunca hice caso...

y sentí tu presencia, estabas allí,
rodeada de los días perdidos,
buscándome en un críptico laberinto
de sonidos y luces ajenos a los dos,
intentando adivinar cuál fue el camino
que tomé de regreso al infinito...

y quise decirte: estoy aquí,
pero yo ya no era yo... ¡y tan distante...!

Introspecciones

a veces me pregunto si el curso de los días
acentúa la herida en mi semblante, ajado
de por sí, o puede que el invierno, que hiela
los amores y ahuyenta las cigüeñas, ya esté
anunciando frío detrás de los cristales,

pero de un tiempo acá,
mientras fijo mis ojos en árboles desnudos,
que parecen constelarse en blanco,
sólo pienso en lo breve que resulta el camino,
de tan largo fiar en un principio
y recuento las hojas de almanaques usados
para marcar sucesos
que imprimieron el rumbo de mis años
y descuelgo los cuadros de antiguas profecías,
que apenas terminaron en añoranzas nuevas
y busco mientras tanto, en despacio vagar
y así como al descuido,
a Dios por los pasillos de mi casa

acércate hasta la proximidad de la añoranza
y buscaremos, al compás de los tambores,
las dulces tardes que aniquiló el otoño.

estéril agitar de los murciélagos
que, ciegos, se atontonan contra el viejo ciprés
donde cuelgan manojos de esqueletos olvidados,
-de las noches sin ganas que hicimos el amor-

permitamos que el tiempo sepulte los cadáveres
marchitados de olvido y conveniencias

bailaremos un tango, marcaremos los tiempos
del vagar, mientras enredas tu pierna con la mía
y tus labios susurran el beso que me niegas
y tus manos se aferran a ese fin que apenas te perdura.

dejaremos que el cielo circule entre nosotros,
y opongamos al capricho del estar,
la alternativa de marcharnos cuando la lluvia nos arrope

al filo, la palabra
que en la sombra alborea,
someros manantiales vacíos de contexto,
 hoces para segar días sin flores
en el jardín profundo de fuentes inconstantes,
en templos donde el rezo se borra de la tarde

no quiero darme prisa por concluir la ronda,
son caminos manchados de fango y hojas muertas,
 ni agotar las excusas para pisar tu puerta
en lenta procesión
y permito a mi voz
asaltar los andenes de estaciones baldías,
mudo el silencio, borrado el horizonte,
desazonadas ya las amapolas de tanto anochecer

y consiento a la nada acercarme sus manos,
que gimen sin consuelo en pos de lo vivido
 y anhelan de tu roce,
bochornoso color pintado sobre un tiempo
de rosas sin otoño,
y soporto los gritos
que tumban la balanza de la razón perdida,
disipada en la idea de no volver a ser

amar sin tu porqué, permiten al deseo rodar las escaleras

desarmados los recuerdos
fugados tras de ti,
idos ya, lejanos,

siento moverse a mi alrededor
los mudos sentimientos que un día me prestaste,

azul de las mañanas, horizonte del sol y el infinito,
acompasadas tardes de un tiempo sin tristeza,
la blanca mar que entona su suave sinfonía,
los múltiples regresos
a la loca estación del sexo y de los sueños

soledad que dejaste en mi vacía cama,
amargura profunda del adiós sin fronteras,
tu imagen, que se pierde por el viejo sendero

la tristeza infinita de la noche sin luna,
los besos escapados hacia bocas distintas…

y exclamo, sin querer, tu nombre entero

tuvo que llevárselo
no quiso dejar a mi sueño jugar con la bruma de su pelo,
ni pudo esperar a que la luna se tapara la cara para no vernos

tuvo que llevárselo
y un corazón vacío de sentir es sólo un dibujo triste
que la arena tapa en la pleamar,
un remedo de latido
que la tarde interrumpe en su arrebato
y bloquea en su intención

y así y todo, tuvo que llevárselo para olvidarme aquí.

mientras las pardas hojas
dejan caer su aroma
de muerte y cesantía,
y los árboles, mudos,
desprenden de sus ramas
las gotas de rocío
que la noche sin fin aposentara,
sólo un pájaro, uno solo,
nos cuenta con sus trinos
del gozo de vivir en lo pequeño

y fue así que las voces,
aquellas voces neutras de aquel pasado absurdo,
de nuevo resonaron sobre el viejo escenario

tu mirada, al oírlas, se llenó de extrañeza
y después, perturbada, la bajaste hasta el suelo

el ajado telón,
sin duda emocionado por las voces,
estuvo a punto de venirse abajo,
-reinaba el desconcierto del tiempo inexistente-

como si fueran locos camino del desastre,
nuestros pies, alterados,
buscaron el refugio del sucio camerino,
mas se dieron de bruces con la puerta atrancada

entonces, te miré muy largamente,
con un mirar distinto a aquel mirar de ayer
y descubrí en tus ojos el pavor a lo eterno

siquiera dirigiste tus pasos a la duda
resignada al dolor y a la derrota,
te fuiste hacia el olvido sin oponer palabra

volvimos a encontrarnos otra vez
después de tanto tiempo de siquiera mirarnos
y dijiste: ya ves, yo siempre estuve aquí,
fuiste tú quien no volvió a mirar,
quien olvidó el momento
en donde confundimos amor con añoranza,
y salpicamos de sol la ventana entreabierta,
y coronamos nubes de pasión escondida

contesté que también tú olvidaste el secreto,
dejaste perecer al tiempo de llamarme,
ni te asomaste un poco para saber si estaba,
descolocaste sitios y apagaste la luz,
derramaste la nube, dejaste de mirarme

mas hoy he vuelto
para soñar contigo,
exponerte mis cuitas, contarte mi esperanza,
pedirte que regreses, vieja amiga,
para quedarte aquí sin más palabras

resquebrajó tu voz aquel sollozo estéril,
lamento vano inútil de gritar,
queja a deshora de un tiempo desterrado,
roto ya en dos, perdido entre la niebla
de pasados abiertos a la nada

nostalgias que me invaden las mañanas
sin luz y sin espacios,

tampoco encuentro un sol
que pretenda avivar viejas historias

brumas que desdibujan los recuerdos,
colmados de engañosa desmemoria,

invasoras, mis manos
apenas manipulan
pasados sin nada que decir

perdidas imágenes de retinas muertas

decir por qué te extraño
es proyectar un sueño que jamás sucedió,
que la pasión, un día imaginada,
fue sólo un espejismo que mi mente descalza
se arriesgó a pasear por los tejados

saber que fuimos el humo que los lirios,
que nadie ha conseguido librarnos de la nube
que oculta la verdad de no haber sido
más que una mota gris, de polvo gris,
sin opción de averiguar siquiera
la infinitud descrita en los archivos
que se alojan al amparo de las sombras

puede que mis palabras,
aquella madrugada sin olvido,
lograran suscitarte las zozobras,
o pudo suceder que desencuentros,
ajenos al descuido de los dos,
tildaran al rocío como lluvia
y ahogaran en el barro
las misivas de amor que te escribiera

es posible que, entonces,
decidieras volar sobre las horas
y dejaras mi voz sin sitio entre tus cosas

o puede que tu alma,
cansada de vagar por las tinieblas,
buscase despertar entre las dunas
del árido desierto de otros labios

cuando la tierra, en su andar inconformista,
tropieza con la risa de las naranjas
que se arraciman arriba, en las estrellas,
decreta que Selene, ungida en amarillo,
se desplace, desnuda, por la enorme autovía
que lleva, sin demora,
a la calle de los sueños azul-nieve,
donde todos la obsequian
con trocitos de niñez recién cortada

la mecedora se desliza en ritmos de fragancias
mientras tus manos, cerradas sobre el tiempo,
tejen con lentitud las pompas de jabón
instantes que aderezan el paso de los días
caminan sin cesar hacia el reencuentro
y dejas tu sonrisa entretener cosechas
cortinajes de lluvia
desfloran de algún modo la quietud de la calle

sutil reparación de memoria cansada

equipaje por guardar

decid de vuestro nombre

no dejes transfundirse el calendario
ni consientas que el tiempo
tiña de rojo la esquina de la muerte

permite que los ritmos
ensalcen de color las horas quedas
hasta lograr abrir las emociones

y otra vez el silencio, entre murallas blancas,
acercará al tiempo del volver

galopan soledades al filo de un verano
que lánguido agoniza en pos del tiempo ido

desierta de presencias
la playa se entristece en horas marginales
y apenas diez gaviotas de luz dan testimonio

miro desde el balcón a las ausencias
que en otro tiempo fueron
y añoro esas lejanas tardes,
pintadas de ilusiones,
que han trepado sin prisa al envés del recuerdo

qué es estar contigo
si así imagino
que corro por las calles diferentes
donde el sol no asoma a los portales
cubiertos del verdín
de los tiempos fugados de nosotros,
ni tampoco tu rostro
quiere comprometerse en un recuerdo
que se obstina en trepar hacia tiempos de antes.

los años estimados como nuestros
sólo son perdidas hojas
de un perdido almanaque
entre historias que no nos pertenecen

es triste hablar lo que no fue
ni tuvo probabilidades de existir

mentiras que circulan
más allá de los sueños

y ese enigma de imaginar
o tan sólo haber sido

lentitud de las horas columpiadas de otoño
en las silentes noches de lluvia en las aceras

horizontes perfectos que prejuzgan al tiempo
y rosas amarillas sobre tu imagen quieta

quiméricas razones,
desde la sinrazón,
confortan soledades

son vientos que adormecen la historia y los pronombres.

abajo, en el granero,
 como cierzo precoz de crudo invierno,
mi voz desde la sombra
escandaliza al niño nonato de utopías

en medio de la tarde que roza lo vivido,
recuerdos y pasado
aparecen uncidos en sucesivas veces
y se expanden sin norte ni fe que los domine

y recobro aquel rostro de añoranza indudable,
perdido entre la bruma y la oración lejana,
surgido desde el tiempo del calor y las fresas.

y me vence el impulso de saber
que razón o dislate me apartó para siempre
de aquel trono de sueños

hoy detengo mis labios que susurran palabras
como aquellas que entonces pronuncié
ante el paisaje de un mundo desolado

y termino indagando, entre arcanos eternos,
la ilación que me fuerza a concederme un plazo
en lugar de buscar donde la luz se abre

las cosas, viejo amigo,
no marchan del revés como intentamos
y tampoco los años, de infalible pasar,
han logrado que cambien las tristezas,
ni tampoco los sueños han plantado jardines

el mundo, viejo amigo,
continúa girando en idéntico rumbo
y se somete, dócil,
al canto de la lluvia y al calor en estío

y los hombres, te digo,
parecen pedigüeños de amor por las esquinas,
mientras que las mujeres
sufren exactos traumas de soledad y temor que ella contaba

las cosas, viejo amigo, continúan igual desde tu muerte

Elegía

te fuiste sin decirlo,
abandonaste palabras heridas
junto a un ayer cerrado de saberse

ni siquiera alarmaste
la noche de oscuro despertar
y apenas un silencio
cubrió las escaleras izadas a tu alma,
cansada de perderse
entre aquellos recuerdos que llenaban las horas
de vencidos paisajes y voces alquiladas

y cerraste los ojos
en un dormir eterno entre las amapolas
mientras aquellos años de juventud perfecta
abandonaban las laderas del ensueño
para instalarse, quedo, en la eterna memoria

Un día diferente

una llamada que dice de tu vuelta,
distinta habitación donde encontrarnos,
tres horas de placer, un nuevo intento
de sujetarte en mí

después, un nuevo adiós,
un tren en marcha de nuevo recordar,
distinto a aquellos que no se corresponden,
entrelazando las noches con pasadas historias

difuminado tiempo estéril,
inacabado ayer fugado de los dos

me conformaba con estar allí,
paseando por un mundo sin dolor
y no quería más que estar allí,
para eludir las noches
de dormitar apenas,
para que en la mañana
no extrañase una voz,
para evitarme amar
y así no obsesionarme
con un cuerpo en penumbra,
pero llegaste tú,
sin apenas mirar mi circunstancia
y aquel mundo tan mío cayó por la escalera

Inexorable ayer

verdín sobre la calle de los muertos sin ganas,
húmedos abalorios destiñen las guirnaldas
mojadas por la lluvia, mientras que tú,
izada sobre el suelo del balcón
ausente de geranios,
obligas dilatarse a mis pupilas,
para luego dejarme
y extrañarte enseguida

volvamos a danzar el paso a dos carente de pareja,

el rumor de las olas, al cruzar las mareas
que provocan tu cuerpo,
destruye mi esperanza,
mientras la pesadilla de mis noches sin ti,
naufraga entre mis manos,
que aún no saben querer como odias tú

ilusiones que entonces mantuvimos,
antes de ser pequeños

Elucubrando

permíteme bajar los escalones
que llevan hasta el bies de lo correcto,

necesito evadirme en la aventura
que contagie mis noches de libertad,
lo preciso y no esperes
que regrese al momento:
antes he de buscar adonde están mis sueños,
adónde fueron las horas perdidas de los dos
sin dejar dirección ni el teléfono fijo

permite que me vaya,
tú no me necesitas,
tus días están llenos de tonterías varias,
de amigas, de gimnasios, de tés a media tarde...

permite que regrese al mundo que perdimos

¿Qué vamos a hacer?

por mucho que lo intento y me propongo,
no encuentro solución a nuestro vicio
de discutir sin pausa ni temario

nos damos de cabeza contra el aparador,
topamos con las sillas
y seguimos gritando de un símil semejante
a los gritos histéricos del hincha de un equipo
que el árbitro escamotea tres penaltis.

y tampoco pretendo que nuestras discusiones
me lleven al estrés que sufriera
el primer ser humano
que ganó el maratón de estar despierto en la pista de baile

es problema tan simple que incluso un conductor
abducido en la niebla
prescinde de los faros para ver lo que pasa:
somos tan antagónicos que, envueltos en las ganas
por acostarnos juntos,
nos vemos incapaces de alcanzar un acuerdo
para dejar de hablar sólo ese rato
y ocupar nuestros labios en tareas más propias

entiendo tu extrañeza, al no ver mi llamada
en tu inventario de llamadas perdidas,
e inquieras su por qué

no olvides que las nubes caducan el verano,
que nunca es conveniente
arrogarse unos versos como si fueran propios
ni tampoco es preciso
darle gritos al sol mientras se fuga

si observaras ratones desayunarse al gato
y salirse los peces de aquel mar asesino
que dejan tras de sí los pescadores,
no creas que por ello han de cambiar las cosas
y piensa que la inercia de ver siempre lo mismo
conduce a que el cadalso se monte sin puntillas

me había planteado
distinta nuestra historia
y es por eso, comprende que esta noche no llame:
se cansaron mis dedos de ponerse en ridículo

cómo cuenta el decir
vacuo y ramplón,
el cielo es más que azul,
el aire huele a limpio
y sólo se destaca del silencio absoluto
gorjeos que provienen de pájaros diversos,
de variado plumaje

me faltan las gaviotas,
el mar y cualquier otro
relatado mil veces
para decir lo dicho por vulgares ripiosos
que malgastan el tiempo y la paciencia

mi consternado espíritu,
cansado ya de tanto misticismo,
dando un portazo inmenso,
digno de mejor causa,
se toma vacaciones sine díe

Pesadilla homogénea

rememoro siluetas de acaballados vientres,
y aquellas formas bajo mí tomadas.

confundo caras de babélico ayuntar
con cuerpos apilados sobre muerto arrecife

palabras pronunciadas sin sentido,
sonidos desgajados de envejecido arpegio
que comunica en gris,
se confunden con las noches de disoluto amor,
antesalas, al fin, del desatino

es amanecer, duermes
como si nada lograra perturbarte.

tu brazo me asemeja
un destello de luz que se ha posado
sobre el blanco perfecto de la sábana
y, mientras, tu cabello
bojea los colores del reflejo del sol
que invade el cuarto.

me recuesto en la paz de la mañana,
vuelve el sueño a mis ojos, no hay prisa,
son las siete de un mundo que brota entre tú y yo

Encuentros y desencuentros

aquel día lo hicimos:
arrumbamos misterios
que cercenan distancias,
acortamos el tramo tendido al disparate,
extendimos los brazos
al frío amanecer y lo hicimos:
dejamos que el silencio leyera nuestro olvido

de un tiempo acá, mujer,
levantaron las nubes sus faldas blanquecinas
y se llevaron, prontas, los silbidos del aire
hacia una mar de olas que braman y se mueven
y arrastran a las piedras

y quedó la mañana como limpia,
andadura hacia el sol, juguete de la luna,
pequeño escapulario colgado en el espacio,
burlón tiempo en que anduvimos
cansados de esperar
la lluvia que borrara el desencanto

de un tiempo acá, mujer,
se arrepintió la tarde de pintar de malva tu camino
y marchitó el ocre de tu andar hacia el envés de la memoria,
apagando el sonido que engaña al sentimiento,
abierto a calcular en el cartón de antiguas añoranzas

y se extendió la noche sobre el sendero de la misericordia,
para dejar sin luz al corazón, huérfano de tu imagen
de diosa de la virtud de amar sin fecha

de un tiempo acá, mujer,
el hada curandera del dolor
desarboló del armario la llave que guarda los recuerdos
y rompió en mil pedazos el cristal
para poner en orden el jardín de nuevas esperanzas.

de un tiempo acá, mujer, veo al mar de otra forma.

aquello fue un error, lo reconozco,
después de tanto tiempo, una equivocación
que me condujo a reclamar de ti
lo nunca dicho

recuerdo tu expresión,
repartida entre el asombro y la ignorancia,
ante mi solicitar fuera de sitio

dejaste que el silencio cubriera de cadáveres
el tiempo y la memoria y levantaste
tu mirar hacia mis ojos,
trasparentes pupilas
sin sombra de temor ni sacrilegio

y aquella tarde, repito -la recuerdo
cargada de libélulas volando a cualquier rumbo-,
de perdidos futuros sin abrir
y acanalados sauces rayanos en la ausencia,
nos dimos un adiós sin condiciones

hoy recitas amar con palabras cruzadas
y dejas que la vida se lleve la memoria
de antiguos aposentos en tiempo indefinido,
conclusas caminatas detrás de la carreta
sin virgen de Rocío que evidencie tu andar
sobre las dunas

hoy escribes amar con palabras esdrújulas,
ampulosa la voz, altivo el verbo de nuevo acontecer,
mirada que interroga
las horas que transcurren sin permiso,
dominado escenario de drama repetido
que sabe a remembranza, a vano espectador
de sonrisa ligera y fácil aplaudir

hoy dibujas amar en letra gótica,
pero olvidaste, amor, tras las cortinas
que te ocultan de ti, el dulce acentuar
que ayer tuviste cuando en la tarde gris,
de larga ausencia,
susurrabas mi nombre en el pasillo

dormitas al silencio de la tarde callada
y dejas que la idea de exacto proceder
se desaloje y vuele lejos de la memoria

pretendes que Morfeo,
esquivo en el encuentro con ese tu soñar,
hoy te concluya
para olvidar el tiempo del amor
en aras del afán de no pertenecerte

desventura de ti, niña afligida,
que transitas sin voz por la vereda
del siempre alejaré los besos de mi boca,
descoloridos labios de inconsolable andar,
son soledades que tu mente recrea
sobre el abismo roto que aproxima
al árbol de la muerte, despacito.

cuando me miro en el espejo
así, como al descuido,
y dejo que resbale la instantánea
hacia otra situación y otras miradas,
no puedo obviar la conspicua pregunta:
¿quién es ése que ocupa mi lavabo,
usurpa mis amores, se apropia de mi lecho
y acaricia al traidor de mi perro,
que le menea el rabo, impenitente?

después, por eso del añoro,
procuro distraerme la memoria
e intento hasta olvidar lo que no duele

los años del ayer tan sólo arrastran
fantasmas que hace tiempo dejaron de fumar

porque tenga el semblante
parecido a las rocas que jaspean la mar,
salpicada la piel de tiempo e intemperies
y las manos ajadas de sal y viento norte,
el mismo que asesina de frío a las gaviotas,
no creas, viejo amigo,
que voy a permitir a mi soñar
descender los peldaños y perderse en las sombras

el paso de los años, te lo digo,
simula la sonrisa de una puesta de sol
y olvida primaveras que destiñen de azul las margaritas,
pero el amor está y sólo aguardo
que vuelva su momento
para irradiar su luz en los espejos

ensalcemos, viejo amigo,
la eclosión de las horas peregrinas
y lancemos al aire la barra del timón

cambiará el temporal en dúctil lluvia azul
y aquellas tantas cosas que olvidamos de ser,
han de volar, sin tiempo,
hasta el feudo sutil de la palabra

permitamos devolver el perfume de los sueños
al dios de la ilusión desorientada

hay horas que parecen
mensajeras sin vida
del dios de la inmemoria

son palabras difusas
al filo del no tiempo,

mientras viejos relojes
atascan manecillas
en esferas disfónicas.

miradas confusas, auroras ruborizadas,
infértiles rupturas de sol y oscuridad,
destino de perder elaborado
por ángeles perversos,

sueños muertos sobre incertidumbres
encaramados a la tapia del viejo camposanto,

goces que anduvieron
a lomos del caballo negro,
se elevan sobre la hojarasca
barrida por el viento sur

inanimadas figuras justifican,
en su danza orbital,
el no ser de los recuerdos
extraviados en el tiempo
del amor y las gardenias

sin renunciar al alba ocultando el recuerdo,
divago por caminos que rodean al tiempo
y me allego al lugar donde las nubes
se afanan en hablarme de la misericordia,
para encontrar allí
novilunios carentes de luceros,
planetas mareados por la ausencia,
escuálidas palomas de vanos epitafios,
pactos que no conciertan infinitud,
discusión erradicada de la calma,
soledad sin fronteras
que tapa de la luz los ventanales

por eso, muy despacio,
sin agitar el polvo que habita las aceras
ni conceder al llanto lanzar su último grito,
descorro el velo azul del tiempo permitido

al cabo, replanteas
en espacios de tiempo consumido,
todas aquellas cosas que fueron concebidas
los días que nacieron
ausentes de la luz, en mundos otros

y el frío, que mutó nuestras pasiones
hasta que hielo fueran

desangeladas tardes
sin refugio ni amor, a la intemperie

Conclusiones al mandato globalista

Sábado por la noche

el oficio del invierno es adelantar lo oscuro
sin tampoco meditar por qué lo hace
y envolver a la noche
en el frío helador que esta acción origina,
mientras condena a morir a los sintecho,
o a lograr resguardarse
en húmedos portales que dejan entreabiertos

y hoy, para colmo, es sábado y las calles
se ofrecen atestadas de seres no pensantes
que vociferan palabras inconexas,
mientras llenan los bares de cerveza y mentiras
que conducen, seguro, a su muerte sin muerte

mientras que, desde lejos,
a refugio del frío y la miseria,
los sujetos con alma
que deambulan sin rumbo por las calles sin Dios,
abandonan a la escarcha de la noche
su ego, sin sentido tampoco de existir

Vértigo

desde la altura del tiempo que he vivido,
recorro sin pausarme, siquiera por el sueño,
los espacios que fueron y apenas hoy evoco,
perdido como estoy en la vorágine
de un mundo sin ayer y sin mañana

distintas alimañas a las siempre habituales,
corean sin cesar consignas inconexas,
palabras contrapuestas,
sin tampoco saber qué significan,
inútil de explicar su sinsentido

y agachan la cabeza los ancianos,
obedientes al miedo que reciben sin pauta,
en tanto que el poder se tambalea
cual mísero sayón que pierde el sitio

embozalada gente
pasea su terror al posible contagio
de un virus que no existe,
en tanto los sin alma,
ávidos de egocentrismo y de fortuna,
pavonean su orgullo sin recato
al tiempo que permiten la comedia
que monta un rey sin causa,
un rey que agacha la cabeza
ante lo ya pactado,
un rey que cumplimenta
las órdenes perversas de un psicópata
que habita y ennegrece de rituales satánicos
el incierto horizonte de un país que agoniza
solo restan seis días para que el nuevo año
renueve esta "pandemia" que reina por doquier,

televisada incluso para los más cobardes,
cuna de religión obligatoria,
fuente de hacer fortuna por dictadores varios,
estampa, en suma, de un país hecho añicos
que un día, ya lejano y luminoso,
pudo sentirse pueblo sin miedo y sin traidores

Pensamiento incontrolado

siempre es inoportuno un recuerdo a destiempo,
acaso prófugo de un ayer en el olvido,
ayer casi incoloro mezclado de ese aroma
que impregna sin medida la ropa abandonada
en el baúl inmenso que heredé de mis padres,
baúl que nunca quise saber qué cosa oculta

y esa pequeña chispa que acompleja mis horas
y permite a mi mente dudar de cuanto miro,
chispa de inteligencia, dicen que de Dios mismo,
intenta suavizarme la salvaje comedia
que cantan en el coro de los búhos satánicos

y, mientras, me interrogo, para ver si aún respiro
el aire del pasado y entonces me doy cuenta
de la inmensa patraña que obligan a vivir a los borregos,
atacando con saña sus miedos más profundos,
prohibiéndoles su fuga de la mátrix,
esa mátrix, dejada porque sí
y para siempre, inmersa
en el abismo de las medias verdades.

Conclusión

La verdad del problema

no es la cuestión que lleguen las cosas que no quieres
y ensucien las palomas tus sábanas tendidas
y los techados blancos de los niños pequeños,
ni tampoco que apenas permitas a tus ojos
contemplar al crepúsculo
porque no consideras de tu gusto
los colores que pinta sobre el cielo

ni es la cuestión que el tiempo
determine la edad y active la esperanza
y no queden cartuchos de reserva,
ni creo te preocupe ese fantasma
que enlosa los balcones de tu casa
de un pasado imperfecto, a punto de romperse

lo malo, amigo mío, es tu falta de ganas
por ver cómo termina la comedia que urdiste,
comedia que hoy no sientes como tuya,
aunque toque interpretar su guion hasta el fin,
sin otra solución ni más remedio,
mientras la Dama espera al fondo del teatro

ÍNDICE

Introspecciones, 85

Equipaje por guardar, 101

Ediciones Vitruvio

Colección Baños del Carmen

Últimos libros publicados:

Las flores del mal, de Charles
Baudelaire

En mi cuaderno de viaje, de
Carmen Maga

Declaración jurada, de Manuel E.
Castillo

Siempre Domingo, de Pascual
García

Escribir Silencio, de José A.
Alfonso

Ciento cincuenta voltios, de David
Alberti

Que nada se olvide, de Álvaro
Fierro Clavero

Ayer es mañana, de José Elgarresta

Y ahora sorpréndeme, José Ramón
Silva

Playa sin mar, de Eduardo Crespo

El mar mientras duerme, de
Santiago Gómez Valverde

Madame Podeva, de Natalia Ruiz-
Poveda

El hombre que alimentaba su alma,
de Sergio Macías

A la tarde, de María Paz Otero

La ingravidez que somos, de
Antonio Ríos

La ilusión del indulto, de David
Minayo